VENTE DU JEUDI 19 NOVEMBRE 1891

HÔTEL DROUOT, SALLE N° 5

ANCIENNES PORCELAINES

De Sèvres pâte tendre, de Saxe et de Chine

OBJETS DE VITRINE

EXPOSITION PUBLIQUE

LE MERCREDI 18 NOVEMBRE 1891

COMMISSAIRE-PRISEUR	EXPERT
Mᵉ PAUL CHEVALLIER	**M. CH. MANNHEIM**
10, rue de la Grange-Batelière, 10	7, rue Saint-Georges, 7

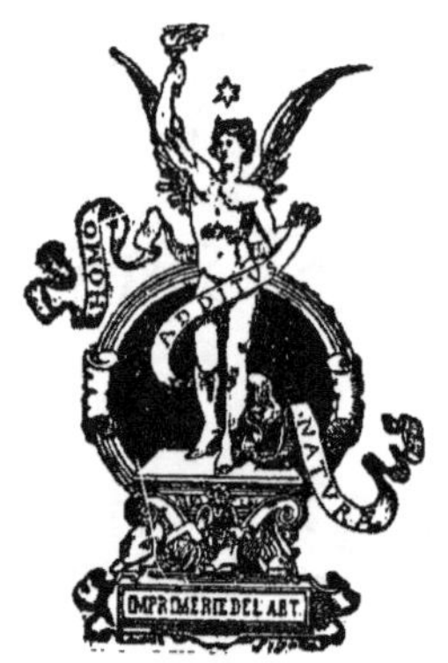
NOVO
ADDIT
NATVRÆ
IMPRIMERIE DEL ART.

CATALOGUE

DES

ANCIENNES PORCELAINES

de Sèvres pâte tendre, de Saxe et de Chine

TASSES ET SOUCOUPES

FIGURINES, GROUPES, ASSIETTES

ET DES

OBJETS DE VITRINE

Éventails, Boîtes, Montres, Miniatures

DONT LA VENTE AURA LIEU

HOTEL DROUOT, SALLE N° 5

Le Jeudi 19 Novembre 1891

A DEUX HEURES

Mᵉ PAUL CHEVALLIER | **M. CHARLES MANNHEIM**

COMMISSAIRE-PRISEUR | EXPERT

10, rue de la Grange-Batelière, 10 | 7, rue Saint-Georges, 7

EXPOSITION PUBLIQUE

Le Mercredi 18 Novembre 1891, de 1 heure 1/2 à 5 heures 1/2

CONDITIONS DE LA VENTE

Elle sera faite au comptant.

Les Acquéreurs paieront *cinq pour cent* en sus du prix d'adjudication, applicables aux frais.

L'exposition mettant le public à même de se rendre compte de l'état des objets, aucune réclamation ne sera admise une fois l'adjudication prononcée.

Paris. — Imp. de l'Art. E. Ménard et Cie, 41, rue de la Victoire.

DÉSIGNATION DES OBJETS

PORCELAINES DE SÈVRES

1 — Tasse trembleuse obconique à anse, avec son présentoir et son couvercle, en vieux Sèvres, pâte tendre ; décor de filets roses enguirlandés d'un ruban d'or et alternant avec des couronnes de feuilles. Lettre K. 1762.

2 — Tasse trembleuse obconique à anse, avec son présentoir, en vieux Sèvres, pâte tendre ; jeté de bleuets et bordure de rinceaux semés de roses. Lettre F F. 1782.

3 — Tasse trembleuse obconique à anse, avec son présentoir, en vieux Sèvres, pâte tendre, à fond bleu enrichi de rinceaux, de paniers de fleurs et d'oiseaux. Lettres K K. 1786. Décor par *Commelin*.

4 — Tasse trembleuse obconique à anse, avec son présentoir, en vieux Sèvres, pâte tendre ; décor de guirlandes de fleurs reliées par des nœuds de rubans. Lettre L. 1763. Décor par *Catrice*.

5 — Tasse droite et sa soucoupe, à bords lobés, en vieux Sèvres, pâte tendre ; décor de bandes bleues enrubannées d'or et alternant avec des pendentifs de feuilles. Lettre O. 1766.

6 — Tasse de forme arrondie et soucoupe en vieux Sèvres, pâte tendre ; décor d'oiseaux et d'arbustes. Lettres D D. 1780, et Q. 1768. Décor par *Aloncle* et *Chapuis aîné*.

7 — Tasse analogue à la précédente et de même porcelaine.

8 — Tasse droite et soucoupe en vieux Sèvres, pâte tendre, émaillé bleu turquoise, avec médaillon orné de fleurs ; bordure dorée.

9 — Tasse droite et sa soucoupe en vieux Sèvres, pâte tendre ; décor formé d'un amour sur une nuée. Lettre N, 1765. Décor par *Fritsch*.

10 — Tasse droite et sa soucoupe en vieux Sèvres, pâte tendre, émaillé vert, avec compartiment réservé décoré d'amours en camaïeu rose ; rinceaux dorés.

11 — Tasse de forme arrondie et sa soucoupe en vieux Sèvres, pâte tendre, à fond vert enrichi de bandes bleues ondulées, pointillées d'or. Lettre F. 1758.

12 — Tasse droite en vieux Sèvres, pâte tendre, à fond vert avec médaillon lobé contenant deux oiseaux et bande et pendentifs bleus cailloutés or. Elle est accompagnée d'une soucoupe qui a été assortie.

13 — Tasse de forme arrondie et sa soucoupe en vieux Sèvres, pâte tendre, bordées d'un pointillé bleu et ornées de guirlandes de fleurs appendues à un double filet carmin.

14 — Tasse de forme arrondie et sa soucoupe en vieux Sèvres, pâte tendre, à décor de bandes roses bordées de filets bleus et alternant avec des bandes chinées et dorées. Lettre O. 1766.

15 — Petite tasse droite et sa soucoupe en porcelaine tendre, ornées de points d'émail imitant les pierreries et de pois d'or.

16 — Tasse droite et sa soucoupe en vieux Sèvres, pâte dure ; le décor se compose de trophées d'armes et de filets noirs enguirlandés de fleurs. Intérieur de la tasse doré.

17 — Théière cylindrique couverte en porcelaine dure, du temps de Louis XVI, à décor de médaillons d'amours en grisaille sur fond rose et de colonnettes enguirlandées.

18 — Deux assiettes à bords contournés en vieux Sèvres, pâte tendre, à décor de jetés de fleurs. Lettre G. 1759. Décor par *Fouré*.

19 — Petit sucrier couvert à deux anses, en porcelaine tendre émaillée bleu de Vincennes, à l'imitation du lapis et frottée d'or.

20 — Quatre pièces : sucrier à décor de fleurs carmin, petit plateau, tasse droite à fleurs en vieux Sèvres, pâte tendre, et tasse arrondie, à médaillon d'amour sur fond turquoise.

21 — Trois pièces en vieux Sèvres, pâte tendre : trembleuse couverte, à fond d'œils de perdrix, et deux petits pots à crème, à décor de fleurs et rubans.

22 — Vase sur piédouche en porcelaine dure, du temps de Louis XVI, émaillée jaune, avec anses mascarons humains.

23 — Deux assiettes à bords contournés, en ancienne porcelaine de Chantilly, à décor de fleurs ; marli gaufré à vannerie.

PORCELAINES DE SAXE

24 — Groupe en vieux Saxe de deux enfants nus, debout auprès d'un tronc d'arbre, figurant la Moisson et en tenant les attributs.

25 — Perroquet en vieux Saxe, perché sur un tronc d'arbre et décoré au naturel.

26 — Oiseau en vieux Saxe, posé sur un rocher et décoré au naturel.

27 — Deux figurines en vieux Saxe : Marchande et Marchand ambulants debout, l'une tenant devant elle une petite boîte remplie de marchandises, l'autre offrant des rouleaux d'étoffe.

28 — Groupe en vieux Saxe de deux Chinois : l'un debout, l'autre, assis sur un coussin, tenant un vase d'une main et son couvercle de l'autre.

29 — Figurine en vieux Saxe : l'Hiver, sous les traits d'un vieillard debout, drapé dans un manteau, et se chauffant une main à un petit réchaud.

30 — Figurine en vieux Saxe : Chinois debout, vêtu d'une tunique, un sabre au côté.

31 — Figurine en vieux Saxe : Vénus aux dauphins, debout, vêtue d'une draperie rose, la tête couronnée de fleurs.

32 — Figurine en vieux Saxe : le Marchand de citrons, debout, vêtu d'une tunique, coiffé d'un bonnet de fourrure ; il tient son panier passé à son bras gauche.

33 — Figurine en vieux Saxe provenant d'un groupe : Amour assis sur une terrasse, ses attributs auprès de lui.

34 — Figurine en vieux Saxe : Petit Paysan fumant sa pipe.

35 — Figurine en vieux Saxe : la Petite Jardinière, assise, une corbeille de raisins sur les genoux.

36 — Figurine en vieux Saxe : Fillette dansant.

37 — Figurine en vieux Saxe : Guerrier debout, vêtu et armé à l'antique.

38 — Figurine en vieux Saxe : Berger appuyé à un tronc d'arbre, jouant du flageolet, son chien à ses pieds.

39 — Figurine en vieux Saxe : Jupiter vêtu d'un manteau, la couronne sur la tête, l'aigle à ses pieds.

40 — Figurine en vieux Saxe : Joueur de violon, coiffé d'un grand chapeau noir, vêtu d'une culotte verte et d'un habit jaune.

41 — Deux figurines en vieux Saxe : les Cris de Paris, figurés par une marchande et un marchand de boisson ambulants ; l'une tenant la cruche, l'autre portant les verres sur sa tête.

42 — Figurine en vieux Saxe : le Czar charpentier.

43 — Figurine en vieux Saxe : Pêcheur debout, tenant un poisson à la main.

44 — Surtout de table en vieux Saxe, supporté par deux enfants.

45 — Deux petits vases couverts en vieux Saxe, à décor polychrome d'imbrications et de fleurs, avec amours et guirlandes de fruits en relief.

46 — Deux petits vases pot-pourri à côtes, avec leurs couvercles, en porcelaine de Saxe, à décor d'oiseaux et de fraises en relief.

47 — Cabaret en ancienne porcelaine de Mayence, à décor de bouquets de fruits et filets dorés : il comprend une théière couverte, un pot à eau couvert, un pot à lait couvert, un bol, un flacon à thé couvert, et huit tasses avec leurs soucoupes ; en tout, vingt et une pièces.

48 — Quatre statuettes en porcelaine de Saxe Marcolini : Paysans et paysannes.

49 — Quatre statuettes et figurines en porcelaine genre Saxe : Paysans et paysannes.

50 — Sucrier couvert en biscuit de Wedgwood, à sujets antiques sur fond bleu.

PORCELAINES DE CHINE ET DU JAPON

51 — Douze assiettes en ancienne porcelaine de Chine ; décor au coq avec lambrequin au marli.

52 — Quatre autres : au fond, corbeille de fleurs ; au marli, fleurs dans des réserves simulant des rouleaux déroulés.

53 — Trois autres creuses : décor rayonnant à fleurs et personnages.

54 — Trois autres ; au fond, feuilles et fleurs ; au marli,
lambrequins à pendentifs.

55 — Quatre autres : sujets familiers ; au marli, lambrequin
imbriqué.

56 — Six autres ; décor presque semblable à celui des
assiettes précédentes.

57 — Six autres : chevaux et fleurs.

58 — Quatre autres creuses : Coqs se menaçant ; décor
blanc sur blanc au marli.

59 — Cinq autres : médaillon contenant deux enfants cou-
chés se faisant face, sur champ vermiculé.

60 — Trois autres : Couple d'oiseaux perchés sur une
branche fleurie.

61 — Quatre autres creuses : Écureuils se poursuivant dans
un arbre.

62 — Cinq autres creuses : Gazelle au pied d'un arbre.

63 — Quatre autres : rouleau déployé contenant un paysage.

64 — Cinq autres : rosace centrale dans une réserve irré-
gulière dont les prolongements en volute finissent sur le
marli.

65 — Six autres, presque semblables aux précédentes.

66 — Treize autres : au fond, larges fleurs ; au marli, lambrequin fleuri.

67 — Six autres, dont une plus petite : sujet familier; marli orné de réserves sur fond quadrillé bleu.

68 à 70 — Vingt-trois autres de six décors différents : fleurs.

71 — Quatre pièces en ancienne porcelaine de Chine : deux plats et deux assiettes à fleurs, fruits et paysage.

72 à 75 — Seize paires d'assiettes variées, en ancienne porcelaine de Chine et de la compagnie des Indes, à décor de fleurs, animaux, attributs.

76 à 79 — Vingt-huit assiettes variées, en ancienne porcelaine de Chine et de la compagnie des Indes : fleurs, animaux, personnages, attributs.

80 — Plat ovale en vieux Chine, famille rose, à décor de fleurs sur un fond simulant un rouleau ; lambrequin au marli.

81 — Trois plats en vieux Chine, famille rose : l'un oblong à pans coupés à paysage animé, l'autre ovale orné d'une haie fleurie ; le dernier ovale, à paysage animé.

82 — Compotier rond en vieux Chine, famille rose : sujet familier ; à la chute, réserves sur fond quadrillé.

83 — Théière couverte en porcelaine de Chine : réserves de fleurs sur fond capucin.

84 — Deux saucières en ancienne porcelaine de Chine, famille rose, à sujets familiers.

85 — Cinq plats variés pouvant accompagner les saucières précédentes, et de même porcelaine.

86 — Plat rond en porcelaine de la compagnie des Indes,

famille verte : au fond, les armes de Luxembourg; à la chute, réserves de personnages et fleurs.

87 — Légumier rond couvert, en ancienne porcelaine de Chine, famille verte, à décor de fleurs et papillons.

88 — Deux grands vases-balustres à six pans, en porcelaine de Chine décorée en émaux de la famille rose : sur la panse et le col, sujets familiers; sur l'épaulement, dragons et rinceaux. Anses en forme de ling-tchi. Socles en marbres de couleurs.

89 — Deux grands vases à corps cylindriques et cols évasés, en porcelaine laquée du Japon ; décor à larges réserves à fleurs et oiseaux, séparées par des rosaces quadrillées. Socles en bois noir.

90 — Dix assiettes en porcelaine du Japon bleue et or : rouleau déployé contenant une branche fleurie.

91 — Dix autres presque semblables de décor : Paysages en bleu, rouge et or.

92 — Trois autres en bleu, rouge et or avec touche de vert : sujets familiers avec marli carrelé.

93 — Huit autres de quatre modèles différents, en bleu, rouge et or : fleurs.

94 — Dix pièces en porcelaine du Japon, bleu, rouge et or : sept soucoupes, deux compotiers et un bol.

95 — Deux légumiers ronds couverts, en porcelaine à décor de style japonais polychrome et doré : réserves lobées contenant des fleurs; anses et bouton de couvercle en argent.

96 — Huit plateaux hexagones à bords découpés, en porcelaine polychrome, de style japonais : fleurs et quadrillés.

97 — Plat rond de même porcelaine, présentant en couleurs et dorure un sujet familier, avec réserves sur fond marron quadrillé au marli. Cercle de cuivre.

98 — Vingt pièces : dix-sept assiettes et trois plats à bords lobés, en porcelaine d'Amsterdam, de style japonais, à décor polychrome et doré, de vases de fleurs. Marquées : *M. O. L.*

ÉVENTAILS, BOITES, MINIATURES

MONTRES

99 — Éventail Louis XVI, à monture de nacre ajourée décorée de personnages dorés; la feuille offre le sujet de Renaud dans les jardins d'Armide.

100 — Éventail Louis XV à monture de nacre ajourée, à sujet pastoral en dorure; sur la feuille : Alexandre offrant sa couronne à Roxane.

101 — Éventail à monture d'ivoire ajouré et peint, à motifs rocaille et amours; la feuille du xviiie siècle représente Cléopâtre recevant Antoine.

102 — Éventail Louis XVI à branches d'ivoire ajouré; feuille en soie peinte à trophées d'instruments de musique.

103 — Éventail Louis XV à monture d'ivoire ajouré, offrant des sujets pastoraux; sur la feuille : Hercule et Omphale.

104 — Éventail Louis XV à monture de nacre ajourée et gravée ; sur la feuille : Rachel et Éliézer.

105 — Éventail Louis XVI à monture de nacre ; sur la feuille : scène pastorale.

106 — Boîte ronde en or de couleurs ciselé et guilloché, du temps de Louis XVI. Le couvercle est orné d'une miniature sur ivoire, offrant une jeune femme vue en buste, en costume Louis XVI.

107 — Boîte ronde en poudre d'écaille rougeâtre ; sur le couvercle, miniature représentant la Prise de la Bastille ; cercle de vermeil.

108 — Boîte ronde doublée d'écaille et à décor rayonnant au vernis ; sur le couvercle, miniature offrant des danses dans un parc, avec personnages en costumes Louis XV.

109 — Autre boîte, décorée au vernis et doublée d'écaille ; sur le couvercle : Portrait de femme, coiffée d'un bonnet tuyauté. Fin du XVIIIe siècle.

110 — Boîte ronde Louis XVI en ivoire et écaille ; sur le couvercle, miniature sur ivoire : Portrait de femme en buste, à corsage décolleté et coiffure haute.

111 — Boîte haute, ovale, en écaille brune et montée or, de la fin du XVIIIe siècle ; le couvercle est orné d'une miniature sur ivoire représentant une femme jouant de la guitare.

112 — Petite boîte ronde Empire en écaille blonde, avec miniature sur ivoire : Portrait de femme sur le couvercle.

113 — Boîte ronde en ivoire ; sur le couvercle, miniature sur ivoire : Jeune Femme tenant son enfant.

114 — Boîte ronde en bois doublé d'écaille ; sur le couvercle, miniature sur ivoire : Jeune Fille pressant une colombe sur sa poitrine.

115 — Boîte oblongue en écaille ; sur le couvercle, miniature sur ivoire : Femme nue dormant ; poussoir et encadrement en or.

116 — Boîte ronde en agate grise ; monture en or, à charnière.

117 — Boîte ronde en ivoire doublé d'écaille, avec chiffre en or gravé.

118 — Petite boîte ronde en ivoire et écaille ; sur le couvercle, miniature présentant deux amours.

119 — Boîte ronde en agate mousseuse.

120 — Boîte ronde en poudre d'écaille, offrant en relief : la *Réception de Voltaire au Champs-Élisée par Henri IV.*

121 — Boîte oblongue cintrée en écaille brune posée d'or.

122 — Miniature ovale Louis XVI : Jeune Femme tenant un roseau. Signée : *Sompfois.*

123 — Miniature Empire sur ivoire : Portrait de jeune femme vêtue d'une jupe blanche décolletée.

124 — Autre miniature Empire : Portrait de jeune fille ; à droite, le nom *Bianca Boni.* Cercle en or.

125 — Deux miniatures ovales sur ivoire : portraits de fillette et d'enfant.

126 — Trois miniatures : Portrait de fillette, avec entourage de strass, sujet galant et fragment.

127 — Deux petites miniatures du xviiie siècle : Portraits d'hommes.

128 — Montre Louis XV de *Julien le Roy*, en or de couleurs ciselé, à corbeille de fleurs et motifs rocaille.

129 — Montre Louis XVI en or de couleurs ciselé et gravé : attributs de l'Amour.

130 — Montre en or émaillé en plein : Serment d'amour.

131 — Petite montre contenue dans une coquille en or gravé et émaillé.

132 — Montre de l'époque révolutionnaire en argent doré, à double cadran émaillé, présentant des devises et attributs.

133 — Petite montre en agate montée en or ; le mouvement est signé : *Miss Boone, 1782*.

134 à 135 — Huit montres à boîtiers d'argent du xviiie siècle.

136 — Quatre montres en cuivre, dont l'une avec boîtier en chagrin.